BEI GRIN MACHT SICH IHR
WISSEN BEZAHLT

- Wir veröffentlichen Ihre Hausarbeit,
  Bachelor- und Masterarbeit

- Ihr eigenes eBook und Buch -
  weltweit in allen wichtigen Shops

- Verdienen Sie an jedem Verkauf

Jetzt bei www.GRIN.com hochladen
und kostenlos publizieren

Bibliografische Information der Deutschen Nationalbibliothek:

Die Deutsche Bibliothek verzeichnet diese Publikation in der Deutschen National-
bibliografie; detaillierte bibliografische Daten sind im Internet über http://dnb.d-
nb.de/ abrufbar.

Impressum:

Copyright © 2014 GRIN Verlag, Open Publishing GmbH
Druck und Bindung: Books on Demand GmbH, Norderstedt Germany
ISBN: 9783668549142

Dieses Buch bei GRIN:

http://www.grin.com/de/e-book/374743/optimaler-phasenverlauf-einer-kurseinheit-
besuch-einer-kurseinheit-externe

Sarah Andrina Heimann

**Optimaler Phasenverlauf einer Kurseinheit, Besuch einer
Kurseinheit, Externe Bedingungen einer Kurseinheit &
Planung einer Wirbelsäulengymnastik**

GRIN Verlag

GRIN - Your knowledge has value

Der GRIN Verlag publiziert seit 1998 wissenschaftliche Arbeiten von Studenten, Hochschullehrern und anderen Akademikern als eBook und gedrucktes Buch. Die Verlagswebsite www.grin.com ist die ideale Plattform zur Veröffentlichung von Hausarbeiten, Abschlussarbeiten, wissenschaftlichen Aufsätzen, Dissertationen und Fachbüchern.

Besuchen Sie uns im Internet:

http://www.grin.com/

http://www.facebook.com/grincom

http://www.twitter.com/grin_com

Deutsche Hochschule für

Prävention und Gesundheitsmanagement

Hermann Neuberger Sportschule 3

66123 Saarbrücken

Einsendeaufgabe

Fachmodul: Gruppentraining I

Studiengang: Fitnessökonomie SS2014

Datum
Präsenzphase: 27.10.2014 - 30.10.2014

Name, Vorname: Heimann, Sarah Andrina

Studienort: **Leipzig**

Semester: **Sommersemester 2014**

Inhaltsverzeichnis

1 Optimaler Phasenverlauf einer Kurseinheit

Eine Kurs- oder auch Trainingseinheit ist optimal in 3 Phasen eingeteilt, in die Einleitung, den Hauptteil und in den Schlussteil. Allen drei Teilen ist gleich viel Aufmerksamkeit zu schenken, da dies sonst zu Verletzungen oder geminderten Trainingserfolg führen kann. Die 3 Phasen einer Kurseinheit sind jeweils weiter unterteilt, worauf im Folgenden genauer eingegangen wird. (Reiß & Eifler, 2014, S. 63-67)

Die Einleitung

Die Einleitung besteht aus 3 Bausteinen, der Begrüßung, der allgemeinen Erwärmung und aus der speziellen Erwärmung.

Die Kurseinheit sollte mit einer freundlichen Begrüßung der Teilnehmer durch den Gruppentrainer beginnen. Zudem sollte dieser, wenn erforderlich, sich neuen Teilnehmer kurz persönlich vorstellen. Des Weiteren wird während der Begrüßung auf die folgende Stunde eingegangen, d.h. es werden benötigte Geräte/Hilfsmittel vorgestellt und Sicherheitshinweise hierzu erklärt, die Schwerpunkte der Kurseinheit beschrieben, sowie die Verteilung/Aufstellung der Teilnehmer im Raum besprochen. Neue Teilnehmer werden zudem eingewiesen und der Gruppe vertraut gemacht. Zu beachten ist hierbei, dass niemand „bloß gestellt", d.h. als Anfänger dargestellt wird. Potenzielle Neukunden sollten sich nicht von Beginn an „neu" und somit unsicher fühlen. Vermeiden kann dies der Kursleiter indem er stets die gesamte Gruppe anspricht, selbst wenn es sich für den Großteil der Gruppe um schon bekannte Inhalte handelt. Die Begrüßung hat das Ziel einen guten Einstieg in die Kursstunde zu schaffen, um diese erfolgreich zu führen.

Die eigentliche Trainingseinheit beginnt schließlich mit der allgemeinen Erwärmung, dem sogenannten „Allgemeinen Warm Up". Dieses sollte mit kleinen Bewegungen im Stand, sowie einem kleinen Bewegungsradius beginnen. Das Prinzip der progressiven Belastungssteigerung, welches hierbei angewandt wird, beinhält des Weiteren, wie der Name schon sagt, eine Steigerung/Entwicklung der Belastung bzw. Bewegungen. Hierbei wird gänzlich auf High Impact Bewegungen, wie Sprünge, Armbewegungen über Schulterhöhe, Drehungen, Kreuzschritte, sowie auf die Handhabung von Gewichten und Geräten verzichtet.

Ziele des Allgemeinen Warm Ups sind, die mentale Einstimmung der Teilnehmer auf das Training, die Vorbereitung des Herz-Kreislauf-Systems auf die folgende Belastung, sowie die Steigerung der Körpertemperatur auf 38,5-39°C. Weiterhin wird hierbei die

Blutzirkulation & somit die Sauerstoffversorgung verbessert. Außerdem wird durch die Anregung des Stoffwechsels die Produktion der Gelenkflüssigkeit, auch Synovia genannt, erhöht & somit das Verletzungsrisiko gesenkt.

Eine langsame und stetige Belastungssteigerung ist notwendig, um das Herz-Kreislauf-System optimal auf den Hauptteil vorzubereiten und um Verletzungen zu vermeiden. Nur durch eine gezielte Erwärmung können alle konditionellen Fähigkeiten im Training optimal ausgeschöpft werden.

Es folgt ein flüssiger Übergang zu der speziellen Erwärmung, dem „Speziellen Warm Up", welches sich direkt am Thema des Hauptteils des Kurses orientiert. Üben der im Hauptteil mit Gewichten ausgeführten Bewegungen, ohne oder mit leichten Gewichten, einfache Schrittkombinationen und das Vordehnen, das „Pre-Stretching", können Inhalte des Speziellen Warm Ups sein. Hierbei wird der Teilnehmer verstärkt auf den Hauptteil vorbereitet, sowohl die Bewegungsabläufe, als auch die geforderten Muskelgruppen. Zudem soll er an die im folgenden Hauptteil verwendeten Trainingsgeräte gewöhnt werden. Die Übungen hierbei können aktiv dynamisch oder passiv statisch erfolgen und geben dem Teilnehmer das Gefühl, beweglicher zu sein.

Der Hauptteil

Je nach Kurs richtet sich der Hauptteil nach einem bestimmten Ziel, welches realisiert werden soll. Somit nimmt dieser Abschnitt der Trainingseinheit den größten Zeitanteil in Anspruch und beinhält zudem den Höhepunkt der Trainingsintensität.

Es gibt die Möglichkeit einer Einteilung in ausdauerorientierte, kraftorientierte und gesundheitsorientierte Programme, deren inhaltlichen Schwerpunkte je nach Ziel des jeweiligen Kursangebotes festgelegt werden.

Ausdauerorientierte Kursangebote zielen stets auf die Verbesserung der Ausdauerfähigkeit ab, haben jedoch des Weiteren das Ziel der Erhöhung des Kalorienverbrauchs, sowie das Ziel der Gewichtsreduktion.

Kraftorientierte Kurse haben die Erhöhung des Kalorienverbrauchs, die Verbesserung der Kraftausdauer, die Haltungsverbesserung und die Figurformung zum Ziel.

Gesundheitsorientierte Kurse variieren, je nach Kursangebot, in ihren Zielen. Ziele hierbei reichen von der Verbesserung der Entspannungsfähigkeit und Haltung bis hin zur Beweglichkeitsverbesserung.

Die drei methodischen Grundsätze des Gruppentrainings sollten bei der Gestaltung eines Kurses stets berücksichtigt werden:

1. vom Leichten zum Schweren

2. vom Einfachen zum Komplexen

3. vom Bekannten zum Unbekannten

Der Aufbau einer Kurseinheit sollte stets auf das Leistungsniveau der Teilnehmer abgestimmt sein. Hierbei werden verschiedene Methoden und Übungen genutzt. Der Gruppentrainer benennt zunächst jede Übung und die dafür hauptsächlich beanspruchte Muskulatur und erklärt dann den Vor- und Nachteil der jeweiligen Übung mit Schlagwörtern. Sollten Hilfsmittel verwendet werden, so werden diese vom Trainer benannt. Sämtliche Sicherheitshinweise zu jedem Gerät sollten bereits genannt wurden sein, können jedoch bei Bedarf wiederholt werden. Schließlich folgt die Übungsdemonstration zusammen mit der Erklärung des Bewegungsablaufes. Der Gruppentrainer sollte hierbei mehrere Wiederholungen vorführen und dabei die Bewegungsgeschwindigkeit sowie die korrekte Atemtechnik erläutern. Fehler, die bei der jeweiligen Übung gemacht werden können, sollten keinesfalls vorgezeigt bzw. genannt werden. Nun ist es an den Kursteilnehmern, die Übung nachzumachen. Hierbei achtet der Kurstrainer auf die korrekte Ausführung jedes Einzelnen und gibt gegebenenfalls Hilfestellung um diese zu gewährleisten. Beginnend mit der Gruppe kann der Trainer, je nach Kursangebot, nach einigen Wiederholungen im Raum herumgehen und so einen besseren Überblick über den Kurs erhalten. Während der gesamten Kurseinheit sollten Lob, Motivation aber auch das Einholen von Feedback stets erfolgen.

Der Schlussteil
Der Schlussteil untergliedert sich in die Teile Cool Down I und/oder Cool
Down II sowie Verabschiedung.
Der Cool Down I leitet stets den Schlussteil in ausdauerorientierten Kursen ein und wird des Weiteren zwischen den Bewegungen im Stand und am Boden ausgeführt. Ziel dabei ist es den Puls auf unter 120 Schläge pro Minute und die Körpertemperatur zu senken. Die Herz-Kreislauf-Tätigkeit soll wieder in den Ausgangszustand zurück gebracht werden. Vergleichbar ist der Inhalt dieses Teils mit dem Warm Up. Die Arm-und Beinbewegungen werden in ihrem Ausführungsradius kleiner und nicht mehr so intensiv ausgeführt wie zuvor im Hauptteil. Zudem wird durch ein verringertes Musiktempo die Bewegungsgeschwindigkeit niedriger.

Am Schluss der Kurseinheit findet der Cool Down II statt und hat die Lockerung, die Dehnung und die Entspannung der Muskulatur zum Ziel. Weiterhin soll es zu einer

mentalen Beruhigung der Teilnehmer kommen. Zudem schafft dieser Teil der Kurseinheit einen flüssigen Übergang zu der letzten Übung, da diese stets im Stand ausgeführt
werden sollte.

Darauffolgend verabschiedet sich der Trainer offiziell von den Kursteilnehmern und
kann ähnlich wie in der Einleitung einige abschließende Worte zum Stundenverlauf
sagen, ein Feedback bzw. Anregungen geben, aber auch von den Teilnehmern entgegen
nehmen. Auf weitere Angebote des Studios kann der Kursleiter zudem noch hinweisen.

2 Besuch einer Kurseinheit

2.1 Phasenverlauf des besuchten Kurses

Besuchtes Kursangebot: Präventionskurs „Ein gesunder Rücken"

Bei der besuchten Kurseinheit handelte es sich um einen krankenkassengeförderten Präventionskurs, einer sogenannten Rückenschule. Das Programm beinhaltete insgesamt 10 Stunden à 60 Minuten welche 1 Mal wöchentlich und fortlaufend stattfanden. Die einmalige Teilnahme war somit eine Ausnahme. Die Teilnehmer waren alle körperlich belastbar und gesund.

Vor Kursbeginn stellte der Gruppentrainer das ausreichende Vorhandensein von Matten und Fitballs (vgl. Abb. 1) sicher und platzierte diese am Rand des Kursraumes.

Zu Beginn der Stunde begrüßte der Trainer schließlich alle Teilnehmer freundlich. Da es sich um die erste Stunde des Präventionsprogrammes handelte, stellte er sich kurz persönlich vor und erklärte des Weiteren das Konzept des Kurses zusammenfassend (Verbesserung der Koordination, Kräftigung der Rückenmuskulatur und Haltungsverbesserung). Nach einer Unterweisung bezüglich der benötigten Geräte (je 1 Matte und 1 Fitball) und der dazugehörigen Sicherheitshinweisen fragte der Trainer die Teilnehmer nach möglichen gesundheitlichen Einschränkungen. Alle Teilnehmer verneinten dies und versicherten ihre körperliche Belastbarkeit. Mit motivierenden Worten und einer animierenden Art spielte der Trainer anschließend die Musik für das darauffolgende Allgemeine Warm Up ab.

Dieses fand in Form einer Aerobic-Einheit von ca. 8 Minuten statt. Zu motivierender Musik zeigte der Kursleiter zunächst simple Schrittfolgen wie Side to side oder V-Steps vor und die Kursteilnehmer folgten ihm. Langsam beginnend steigerte er den Bewegungsradius zunehmend und förderte so die Herz-Kreislauf-Aktivität. Zudem erfolgte anschließend ein Pre-Stretching der großen Muskelgruppen, welches das Spezielle Warm Up darstellte.

Vor Beginn des Hauptteils fragte der Trainer die Kursteilnehmer nach ihrem Befinden und änderte währenddessen die Musik. Nun lief diese in einer Art beruhigenden Begleitung nebenher. Anschließend bat der Gruppentrainer jeden sich sowohl eine Matte als auch einen Fitball vom Rand des Kursraumes zu nehmen und sich mit genügend Abstand zum Nächsten, einen Platz im Raum zu suchen. Hierbei achtete er, wie auch zu Beginn der Stunde darauf, dass die Abstände zwischen den Teilnehmern groß genug waren und somit das Unfallrisiko vermindert wurde. Auch der Gruppentrainer nahm, dem Kurs zugewandt auf einem Fitball und einer Matte Platz (Matte als Unterlage der Füße, für einen sicheren Stand). Wie in EA 1) beschrieben wählte der Trainer die Übungen nach den drei methodischen Grundsätzen des Gruppentrainings aus und gewährleistete so eine interessante und abwechslungsreiche Kurseinheit. Ein Übungsbeispiel bestand in einer wie folgt erklärten Übung:

Die Ausgangsposition ist sitzend auf dem Fitball, beide Beine fest und schulterbreit auf der Matte. Nun hebt man mit geradem, gestrecktem Rücken die Arme senkrecht nach oben und beugt sich mit dieser Haltung in die diagonale nach vorn. Geachtet wird dabei auf den geraden Rücken sowie den Kopf als Verlängerung der Wirbelsäule. Diese Endposition wird nun ca. 30 Sekunden gehalten und schließlich kehrt man wieder in die Ausgangsposition zurück. Diese Übung wurde 10 Mal wiederholt mit Satzpausen von ca. 10 Sekunden.

Da es sich um einen Präventionskurs handelte, erläuterte er zudem häufig das Zusammenspiel der einzelnen Muskeln in einer Bewegung bzw. Übung und stellte Vergleiche zum Alltag her. Dies war ein wichtiger Bestandteil des Kurses und wurde dankend von den Kursteilnehmern angenommen.

Die Kursteilnehmer wurden im Hauptteil stets durch motivierende Worte des Trainers animiert und es wurde durchgehend auf die korrekte Ausführung der Übungen geachtet.

Den Cool Down II einläutend, senkte der Kursleiter die Lautstärke der begleitenden Musik und bat die Teilnehmer die Fitbälle zurück an den Rand des Kursraumes zu legen. Es folgten einzelne Atmungs- und Entspannungsübungen im Liegen auf der Matte sowie Dehnübungen für den Rücken. Ein Beispiel hierfür war:

In der Ausgangsposition liegend auf dem Rücken stellt man ein Bein im 90° Winkel an. Die Arme sind zu den Seiten gestreckt und der Kopf zu der Seite des angestellten Beines gedreht. Nun legt man den Fuß bzw. den Knöchel des anderen Beines seitlich auf das angewinkelte Bein in Höhe des Knies auf. Die Bewegung wird dadurch kontrollierter ausgeführt. Das angestellte Bein wird nun in Richtung des auf gelegten Beines fallen gelassen und endet am persönlichen „Haltepunkt" in der Endposition die ca. 10 Sekunden gehalten wird. Anschließend kehrt man in die Ausgangsstellung zurück. Ist beispielsweise das rechte Bein angestellt so ist der Blick nach rechts und die Bewegung wird nach links ausgeführt. Je nach Beweglichkeit kommt man mit dem angestellten Bein unterschiedlich nah an den Boden heran.

Der Grad des Anwinkelns ändert den Dehnungsbereich im Rücken: je näher der Fuß am Gesäß angestellt wird desto tiefer ist die Rückenpartie die gedehnt wird. Die Übung wurde beidseitig ausgeführt und 3 Mal pro Seite wiederholt.

Des Weiteren wurden Dehnungs- und Beweglichkeitsübungen im Stand durchgeführt. Der Gruppentrainer lobte die Teilnehmer am Ende des Kurses noch einmal deutlich und verabschiedete sich freundlich von ihnen.

Das besuchte Kursangebot entsprach dem in EA 1) beschriebenen optimalen Phasenverlauf einer Kurseinheit voll und ganz. Das Spezielle Warm Up wurde zwar nur in Form des Pre-Stretchings durchgeführt, jedoch ist dies bei dieser Art von Kursangebot vollkommen ausreichend.

Abb. 1: Fitball

2.2 Sportmotorische Fähigkeiten im besuchten Kurs

In der Kurseinheit hauptsächlich angesprochene sportmotorische Fähigkeiten:
- Kraft (Reiß & Eifler, 2014, S. 20-23)
- Beweglichkeit (Reiß & Eifler, 2014, S. 27-30)

Bewegungen wie Ziehen, Drücken, Tragen, Halten usw. sind durch muskuläre Krafteinsätze möglich. Auch die Körperhaltung zählt dazu, da die Halte- und Stützmuskulatur im Körper eines Jeden hierbei eine Kraftarbeit verrichtet. Vor allem die Rumpfmuskulatur spielt dabei eine wichtige Rolle. Sie stabilisiert, schützt & bewegt die Wirbelsäule. Ist also die Kraft größer (nach Besuch einer Rückenschule beispielsweise), so ist die Halte- und Stützkraft, sowie die Stabilisation & der Schutz der Wirbelsäule höher. Man ist dementsprechend auch belastbarer im Alltag und gegen körperliche Beschwerden, speziell Rückenbeschwerden, präventiv trainiert.

In Rückenschulen, welche die Kräftigung der Rumpfmuskulatur als Hauptziel beinhalten, wird hierfür häufig eine statische Arbeit in den Übungen verrichtet. Das bedeutet Widerstände zu halten.

Liegt man beispielsweise in Bauchlage auf der Matte, spannt die Rumpfmuskulatur an, hebt sowohl Beine als auch Arme von der Matte ab und hält diese Position ca. 30 Sekunden, so handelt es sich dabei um statische Arbeit. Diese Übung war ein Teil der Kurseinheit.

Die Kraft an sich hat verschiedene Formen: Maximalkraft, Schnellkraft und Kraftausdauer. Bei dieser Art von Übung handelte es sich um Kraftausdauer, da eine Widerstandsfähigkeit gegen Ermüdung bei, in dem Fall, einer statischen Arbeitsweise der Muskulatur trainiert wurde. Der Krafteinsatz liegt bei Kraftausdauer-Übungen über 30% der Maximalkraft eines Einzelnen. Hierbei wird der Kraftverlust bei einer bestimmten Wiederholungszahl (oder Haltezeit) innerhalb eines bestimmten Zeitraumes so gering wie möglich gehalten.

Die Beweglichkeit wird, trotz ihrer wichtigen Bedeutung für die Fitness, häufig vernachlässigt. Sie ist die Voraussetzung für eine volle Entfaltung anderer motorischer Fähigkeiten. Nur wenn die Funktionsfähigkeit der bindegewebigen Strukturen (Bänder, Sehnen, Muskelfaszien etc.) optimal ausgeprägt ist & ein ausgewogenes Verhältnis zwischen der Fähigkeit zur Kontraktion bzw. Entspannung am jeweiligen Skelettmuskel besteht, ist ein Gelenk optimal leistungs- und funktionsfähig. Somit ist die Beweglichkeit abhängig von der Gelenkigkeit, Dehnfähigkeit und Kraftfähigkeit. Aber auch personenspezifische Faktoren, wie z.B. Geschlechte, Alter, Gelenkabnutzung und Psyche, haben Einfluss darauf.

Das Übungsbeispiel aus der besuchten Kurseinheit wurde im Cool Down II durchgeführt. Darin ging es größtenteils um die Dehnung bzw. Lockerung der Rumpfmuskulatur.

Die Übung findet im Stehen statt, wobei man in der Ausgangsposition hüftbreit und locker steht. Nun senkt man den Kopf langsam nach vorn über, legt das Kinn auf die Brust und „rollt" sich anschließend Wirbel für Wirbel von oben nach unten ab. Endposition ist dann, je nach Beweglichkeit jedes Einzelnen, die vorgebeugte Position, wobei die Arme locker an den Seiten hängen. Um in die Anfangsposition zurück zu kehren führt man die Bewegung wieder andersherum aus und „rollt sich auf". Beide Bewegungsabläufe verlaufen langsam und kontrolliert und beinhalten Pausen im Stand und „überbeugen" von ca. 10 Sekunden. Zusätzlich zu der Bewegung der Wirbelsäule kommt es in der haltenden Endposition zu einer Dehnung der Beinmuskulatur (optional kann man den Oberkörper an die Beine heranziehen). Die Atmung wird hierbei ebenfalls ruhig und kontrolliert ausgeführt.

2.3 Betrachtung des Kursleiterverhaltens

Die Funktionen des Kursleiters sind vielseitig: Lehrer, Vorbild, Dienstleister aber auch Animateur für die Gruppe sind seine „Jobs". Des Weiteren ist er ein Teammitglied des gesamten Unternehmens.

Die Funktion als Lehrer erfüllte der Gruppentrainer vollständig. Er erschien vorbereitet zu der Kursstunde, d.h. er konnte den Ablauf, die Ziele und Inhalte der Stunde ohne Probleme wiedergeben. Des Weiteren konnte er alle Übungen erklären, vormachen, begründen und korrigieren. Fachliche Inhalte oder andere Anwendungsbereiche, wie z.B. im Alltag, konnte der Kursleiter ebenfalls nennen und erklären. Die fachliche Beratung und Beantwortung einzelner Fragen der Kursteilnehmer war ebenso gewährleistet. Zu Beantwortung spezieller Fragen bat er zu einem persönlichen Gespräch nach der Kursstunde um die Unterrichtsstunde nicht allzu sehr zu unterbrechen.

Der Kursleiter war zudem als Vorbild in der Kursstunde tätig. Dem gepflegten Erscheinungsbild eines fitten und motivierten Trainers entsprach er mit seiner körperlichen Fitness und fitnessorientierten Kleidung. Zudem versprühte er förmlich gute Laune und brachte Spaß in die Kurstunde.

Die Dienstleisterfunktion wurde ebenso voll und ganz erfüllt. Äußere Bedingungen wie der Trainingsraum, die technischen Vorbereitungen oder klimatischen Umstände wurden im Vornherein gut vorbereitet. Die Musikanlage war voll einsatzfähig und der Kursraum gelüftet. Alle Teilnehmer hatten im Kursraum genügend Platz für die einzelnen Übungen. Wie bereits erwähnt war der Kursleiter gut vorbereitet und erschien pünktlich 10 Minuten vor Beginn der Stunde zu der Kurseinheit. Auch die Funktion des Ansprechpartners wurde erfüllt.

Die Funktion des Animateurs war ebenfalls gegeben. Wie bereits erwähnt versprühte der Kursleiter gute Laune und motivierte dadurch gut die Kursteilnehmer zum Mitmachen der einzelnen Übungen. Er war stets freundlich und strahlte ein sicheres Auftreten aus. Zudem sah man ihm den Spaß am gemeinsamen Trainieren an. Der Trainer ging flexibel mit einzelnen Fragen der Teilnehmer um und wirkte stets professionell.

Zusammenfassend kann man sagen, dass der Gruppenleiter seine einzelnen Funktionen in der Kursstunde im vollsten Maße erfüllte.

3 Externe Bedingungen einer Kurseinheit

Mehrere externe Bedingungen können Einfluss auf die Planung einer Kursstunde haben. Dazu zählen die Rahmenbedingungen, die Zielgruppe und die Zielsetzungen einer Kurseinheit (Reiß & Eifler, 2014, S.68 - 70).

Rahmenbedingungen (Reiß & Eifler, 2014, S.68 – 70)

Unter Rahmenbedingungen versteht man die gegebenen Räumlichkeiten, die vorhandene Ausstattung, das Klima sowie die Tageszeit an dem eine Kurseinheit stattfinden soll. Um den Kurs optimal durchführen zu können sollten die Räumlichkeiten dem Gruppentrainer bekannt sein. Des Weiteren ist die Raumform- und größe ein wichtiger Bestandteil bei der Planung eines Kurses jeglicher Art. Bei gesundheits- und kraftorientierten Kursen sollte stets genügend Platz zwischen den Matten und Geräten vorhanden sein. Letztere geben des Weiteren eine mögliche maximale Teilnehmerzahl an. Sind beispielsweise 12 Matten vorhanden, so können nur 12 Teilnehmer im Kurs agieren. Räume die für ausdauerorientierte Kurse genutzt werden sollten ca. 4qm pro Kursteilnehmer beinhalten. Auch das Klima hat wie o.g. Einfluss auf eine Kurseinheit, da z.B. einige Menschen wetterfühlig und somit anfällig für Wetterumschwünge sind. Auch Die Tageszeit des Kurses ist wichtig. Beispielsweise können einige Teilnehmer unter Anlaufschwierigkeiten am frühen Morgen leiden.

Zielgruppe (Reiß & Eifler, 2014, S. 68f.)

Eine genaue Bestimmung der Zielgruppe erleichtert das Planen einer Kurseinheit um ein Vielfaches. Sie wird definiert in Alter, Geschlecht, Gruppegröße und das Leistungslevel der Teilnehmer.

Wird eine Altersgruppe festgelegt (nicht zwingend), so hat dies Auswirkungen auf das Kursziel, Kursformat und auf den Inhalt der Kurseinheit. Der Gruppentrainer sollte sich dementsprechend stets auf den Kurs vorbereiten um größtmögliche Erfolge der Teilnehmer zu erreichen.

Das Umsetzen und die Annahme des Kursinhaltes aber auch die Stimmung kann von dem Geschlecht der Kursteilnehmer abhängig sein. So sind Koordinationsübungen für Frauen oftmals leichter umzusetzen als für Männer. Bei der Entscheidung jedes Einzelnen den Kurs wieder zu besuchen spielt der Kursleiter mit seinem pädagogischen Vorgehen somit eine große Rolle.

Das Leistungslevel einer Zielgruppe sollte bestimmt sein, um effektiv und zielgerichtet trainieren zu können und den Teilnehmern Erfolgserlebnisse zu garantieren. Anfänger sollten nicht mit schweren Inhalten überfordert, Fortgeschrittene mit immer wiederkehrenden bzw. gleichbleibend leichten Übungen unterfordert werden. Wird dies nicht beachtet kann es zu Fluktuationen kommen.

Zielsetzung (Reiß & Eifler,2014, S. 69f.)

Für den Erfolg einer Kurseinheit ist die Zielsetzung dieser maßgeblich. Wichtige inhaltliche Kriterien wie Übungsauswahl und Gestaltung des Hauptteils werden durch eine konkrete Formulierung eines Zieles festgelegt. Der Zusammenhang zwischen Zielsetzung und Zielgruppe bedarf stets großer Aufmerksamkeit, da jegliche Ziele den Kursteilnehmern bzw. der Zielgruppe angepasst werden müssen. Wie zuvor erwähnt sollten die Teilnehmer nie unter- oder überfordert mit Kursinhalten werden.

Es wird bei der Zielsetzung zwischen langfristigen bzw. allgemeinen und kurzfristigen bzw. speziellen Zielen unterschieden. Die Verbesserung der sportmotorischen Fähigkeit oder das Erlernen einer hochkomplexen Choreographie sind z.B. langfristige Ziele. Hingegen kann man leichte Übungen/ Schrittfolgen innerhalb einer Kurseinheit erlernen. Dabei handelt es sich um kurzfristige Ziele.

Die Kundenbindung ist von dieser Unterscheidung der Zielsetzungen abhängig. Fehlt beispielsweise ein Kursteilnehmer häufiger in einem Kurs der langfristige Ziele als Inhalt hat, so wird er nach einiger Zeit mit den Übungen bzw. Schrittfolgen möglicherweise überfordert sein und verlässt eventuell den Kurs. Bei Kursen mit kurzfristigen Zielsetzungen ist die Kundenbindung höher, da Inhalte einfacher und somit schneller erlernbar sind, selbst bei eventuellem Aussetzen einiger Kursstunden.

4 Planung einer Wirbelsäulengymnastik

4.1 Zielgruppe

Zielgruppe der 45-minütigen Wirbelsäulengymnastik sind sowohl Männer als auch Frauen ohne Altersbegrenzung. Die Kursteilnehmerzahl ist auf maximal 10 Personen festgelegt, da eine höhere Anzahl von Teilnehmern zu Bewegungseinschränkungen während mehrerer Übungen führen würde. Bei den Teilnehmern handelt es sich um Einsteiger ohne jegliche gesundheitliche Einschränkungen.

4.2 Ziele der Wirbelsäulengymnastik

Die Wirbelsäulengymnastik, ein gesundheitsorientiertes Kursangebot, verfolgt in erster Linie das Ziel der Prävention von Rückenbeschwerden und Haltungsschäden. Mit Hilfe verschiedener Kräftigungs-, Mobilisations-, Dehnungs- und Entspannungsübungen will man Rückenschmerzen vorbeugen bzw. mindern. Der Ausgleich von Disbalancen sowie die Steigerung der psychischen und physischen Entspannungsfähigkeit sind ebenso Ziele eines solchen Kursangebotes.

Die nachfolgende Wirbelsäulengymnastik enthält somit die Hauptziele der Mobilisation (im Warm Up), der Stärkung der Rücken- und Bauchmuskulatur (im Hauptteil) und der Entspannung und Dehnung (im Cool Down).

4.3 Material

- 1 Gymnastikmatte (Matte) pro Teilnehmer
- 1 Fitball pro Teilnehmer
- Musikanlage für:
  o Aerobic-Musik (120 – 140 bpm)
  o Hauptteil d. Wirbelsäulengymnastik (90 – 120 bpm)
  o Entspannungsmusik (60 – 90 bpm)

4.4 Stundenplanung

Tab. 1: Stundenplanung einer Wirbelsäulengymnastik

Einleitung (ca. 1,5 Minuten; ohne Musik)				
Freundliche Begrüßung der Teilnehmer; eventuell persönliches Vorstellen des Gruppentrainers für neue Teilnehmer; Nennen des Kursschwerpunktes, des Kursziels, der Sicherheitshinweisen zu den verwendeten Geräten, Motivation der Teilnehmer				
Allgemeines Warm Up (ca. 3 Minuten; Aerobic-Musik (120 – 140 bpm))				
Ziel der Übung	Übungsbezeichnung/ Name der Übung	Übungsbeschreibung	Belastungsgefüge	Bemerkungen/ Hinweise
Einstimmung auf folgende Kursstunde, Herz-Kreislauf-System aktivieren Körpertemperatur auf 38,5 – 39°C erhöhen, Mobilisation der Gelenke	March	Aufrechtes Marschieren auf Stelle; Arme im 90°Winkel an Seiten mitschwingend (re. Bein/li. Arm, li. Bein/re. Arm)	16 Wdh. mit 32 ZZ	genug Bewegungsfreiheit für Teilnehmer gewährleisten; auf Lücke aufstellen
	Side to Side I	Gewichtsverlagerung zur Seite; Grundposition = schulterbreiter Stand; Fußspitze des Spielbeines tippt auf Boden; im re./li.-Wechsel; eingestützte Arme in Hüfte	8 Wdh. mit 16 ZZ	Methode der linearen Progression von „Version" I - III
	Side to Side II	siehe oben, Schulterkreisen vorwärts	8 Wdh. mit 16 ZZ	siehe oben
	Side to Side III	siehe oben, Schulterkreisen rückwärts	8 Wdh. mit 16 ZZ	siehe oben
	March	siehe oben	8 Wdh. mit 16 ZZ	
	Step Touch I	je 1 Bein nach vorn aufstellen; Körpergewicht bleibt auf Standbein; Oberkörper nach vorn geneigt; Hände in Hüfte eingestützt; Spielbein wieder heranziehen mit Tippen der Fußspitze neben dem Standbein	8 Wdh. mit 16 ZZ	Spielfuß mit Ferse aufsetzen
	Step Touch II	siehe oben, Bein abwechselnd zur Seite aufstellen	8 Wdh. mit 16 ZZ	Spielfuß mit Spitze aufsetzen
	Step Touch I	siehe oben	8 Wdh. mit 16 ZZ	siehe oben
	March	siehe oben	8 Wdh. mit 16 ZZ	
	V-Step	Füße führen V-förmiges Muster auf Boden aus; re. Bein macht Schritt rechts vor, li. Bein folgt mit Schritt links vor (Grätschposition); re. Bein zurück, li. Bein folgt in Ausgangsstellung	4 Wdh. mit 16 ZZ	Fuß abrollen (von Ferse zu Ballen abrollen)

Ziel der Übung	Übungsbezeichnung/ Name der Übung	Übungsbeschreibung	Belastungsgefüge	Bemerkungen/ Hinweise
	A-Step	gleiches Prinzip wie V-Step; Bewegungen dabei nach hinten ausführen	4 Wdh. mit 16 ZZ	
	March	siehe oben	8 Wdh. mit 16 ZZ	Methode der linearen Progression
	Side to Side IV	siehe oben; Arme angewinkelt vor Brust; Ellenbogen zeigen nach unten; bei Seitneigung Arme öffnen, bei Ausgangsposition Arme zusammen	8 Wdh. mit 16 ZZ	
	March	siehe oben	8 Wdh. mit 16 ZZ	

Spezielles Warm Up (ca. 3,5 Minuten; ruhige, rhythmische Musik (90-110 bpm))

Ziel der Übung	Übungsbezeichnung/ Name der Übung	Übungsbeschreibung	Belastungsgefüge	Bemerkungen/ Hinweise
Mobilisation der Wirbelsäule	Abrollen	Senken des Kopfes (Kinn auf Brust) bei schulterbreitem Stand; Wirbel für Wirbel „abrollen" – Oberkörper kontrolliert und langsam nach unten (vorn) fallen lassen; unten „hängend" = EP	ca. 10 Sek.	langsame und kontrollierte Ausführung; subjektives Empfinden bei Endposition; kontrollierte und ruhige Atmung
	Aufrollen	siehe oben; Bewegungen von unten nach oben in Ausgangsposition ausführen	ca. 10 Sek.	Ab- und Aufrollen 2- und 3x wiederholen
		Endposition nach Abrollen halten, „aushängen"		
Dehnung Rücken und Beine (Pre-Stretching)	Aushängen	Oberkörper hängt nach unten vorm über; Stand schulterbreit	ca. 10 Sek.	bewusste und ruhige Atmung
	Oberkörper an Bein heranziehen	Arme greifen 1 Bein; ziehen Oberkörper so weit wie möglich an jeweiliges Bein heran; Pause = aushängen in „Mitte"; Wechsel an anderes Bein	je 20 Sek. pro Seite halten; 3x pro Seite wiederholen	subjektives Belastungsempfinden (jeder so nah an Bein wie jeweils möglich)
	Aufrollen	siehe oben	ca. 10 Sek.	nur 1x
		Ausgangsposition: hüftbreiter, aufgerichteter Stand		
Dehnung Rumpf (Pre-Stretching)	Seitdehnen	re. Arm hoch strecken; Oberkörper bei gerader Hüfte nach links neigen; re. Arm geht nach links („zieht" Oberkörper nach links = EP); wieder in AP, li. Seite folgt	je 20 Sek. pro Seite halten; 2x pro Seite wiederholen	anderer Arm „hängt herunter"; auf Hüftstellung achten (gerade, nicht vor/hinter gestreckt)

Kurzes Ausschütteln (Lockern) der Beine und Arme,
jeweils 1 Fitball und Matte pro Teilnehmer von Raumseite nehmen,
genug Abstand zw. Teilnehmern beachten

Ausgangsposition: aufrechtes Sitzen auf Fitball, Matte liegt sicher auf Boden, Füße stehen fest auf Matte, Blick zum Kursleiter

Hauptteil (ca. 25 Minuten; ruhige, rhythmische Musik (90 – 120 bpm)

Ziel der Übung	Übungsbezeichnung/ Name der Übung	Übungsbeschreibung	Belastungsgefüge	Bemerkungen/ Hinweise
Gewöhnung an den Fitball, Unfallrisiko senken	„Fitball-Kennenlernen"	auf und ab wippen auf Fitball (Federn); Becken in alle Richtungen bewegen (vor, rück, rechts, links); Becken kreisen	je 10 Sek. pro Bewegung (30 Sek. insgesamt)	Füße bleiben fest auf Boden
Kräftigung der Rückenmuskulatur	„Rücken-Ball-Arme I"	gerader, nach oben „gezogener" (gestreckter) Rücken; Arme parallel, gestreckt nach oben, als „Verlängerung" des Oberkörpers; Oberkörper neigt sich in Diagonale vor; Arme gehen gestreckt mit (EP); zurück in AP	30 Sek EP halten; 10 Sek. Pause; 3x wiederholen	
Kräftigung der Rücken- und Bauchmuskulatur	„Rücken-Ball-Arme II"	gerader, nach oben „gezogener" (gestreckter) Rücken; Arme auf Schulterhöhe im 90°Winkel anwinkeln; Handflächen zeigen nach vorn; Arme angewinkelt hinter Kopf führen (EP); zurück in AP (Pause)	30 Sek. EP halten; 10 Sek. Pause; 3x wiederholen	Füße bleiben fest auf Boden subjektives Belastungsempfinden (Rückführen der Arme so weit wie Teilnehmer kann)
Kräftigung der Bauchmuskulatur	„Halte-Crunch"	gerader, nach oben „gezogener" (gestreckter) Rücken; Arme auf Unterbauch aufliegend; Oberkörper langsam in Diagonale rück führen (EP); zurück in AP (Pause)	30 Sek. EP halten; 10 Sek Pause; 3x wiederholen	Füße bleiben fest auf Boden; subjektives Belastungsempfinden (Halteposition je nach Kraft höher oder tiefer)
Positionswechsel (rückengerecht = langsame, kontrollierte Bewegungen): von sitzend (auf Fitball) zu Becken auflegen (auf Fitball), Füße hüftbreit auf Matte, Blick auf Boden				
Kräftigung der Rückenmuskulatur	„Rücken-Ball-Arme III"	gesamte Körperspannung; diagonal auf Fitball liegend; Becken (oberer Teil vorderen Oberschenkels) auf Fitball; Bauchmuskulatur angespannt, nicht auf Fitball aufliegend; Arme gestreckt und parallel nach vorne gestreckt (EP); Anspannung der Rumpfmuskulatur lösen; Oberkörper langsam vor Über Fitball hängen lassen (entspricht AP = Pause)	30 Sek. EP halten; 10 Sek. Pause; 3x wiederholen	Füße fest auf Boden „gestemmt"; Körperspannung sichert Stabilität auf Fitball

		Positionswechsel (rückengerecht = langsame, kontrollierte Bewegungen): von sitzend (auf Fitball) zu liegend auf Rücken (auf Matte + Fitball)		
Kräftigung der Rückenmuskulatur	„Rücken-Ball-liegend I"	Füße mittig auf Fitball dicht zusammen ablegen (AP = Pause); Zehen anziehen, nur Fersen auf Fitball; gesamte Körperspannung; Heben des Beckens in Diagonale (Körper bildet „eine Linie"); Arme an Seiten liegend (dienen als Auflage-und Stütz-Fläche) (EP)	30 Sek. EP halten; 10 Sek. Pause; 3x wiederholen	Arme dienen als Aufliege-Fläche, sichern mit Körperspannung Stabilisation des Körpers
	„Rücken-Ball-liegend II" (Beckenheben)	siehe oben; statt EP zu halten – auf und ab Bewegung des Beckens (Wechsel zw. AP und EP)	3 Sätze à 15 Wdh.; 3 Pausen à 10 Sek.; TUT (2/0/1)	Abrollen der Wirbelsäule beim Senken des Beckens, „Wirbel für Wirbel" kontrolliert ablegen
		Fitball wird an Fußende der Matte gelegt; wieder zur Rückenlage gehen (rückengerecht)		
Kräftigung	„Crunches"	Füße hüftbreit aufstellen, Bein im 90°Winkel;	3 Sätze à 15 Wdh.; 3 Pausen à 10 Sek.; TUT (1/0/1)	
		Positionswechsel (rückengerecht = langsame, kontrollierte Bewegungen): von liegend auf Rücken (auf Matte) zu liegend auf Bauch (auf Matte)		
Kräftigung der Rumpfmuskulatur	„Paddeln"	Rumpfmuskulatur wird angespannt; Beine und Arme (gestreckt) vom Boden abheben; Blick auf Boden, Kopf als Verlängerung der Wirbelsäule; wechselseitig re. Arm mit li. Bein anheben und umgekehrt;	3 Sätze à 15 Wdh. pro Seite (30 Bewegungen); 3 Pausen à 10 Sek.; TUT (1/0/1)	auf Atmung achten, gleichmäßig und kontrolliert
	„Paddeln-halten"	siehe oben; an Stelle von auf und ab Bewegungen der Beine und Arme – in gestreckter Position überm Boden halten (EP); langsam absenken beider und Kopf seitlich auf Matte legen (AP = Pause)	30 Sek. EP halten; 10 Sek. Pause; 3x wiederholen	

Cool Down II (ca. 10 Minuten; Entspannung und Dehnung; mit ruhiger Stimme sprechend; Meditationsmusik (60 – 90 bpm))

Ziel der Übung	Übungsbezeichnung/ Name der Übung	Übungsbeschreibung	Belastungsgefüge	Bemerkungen/ Hinweise
		Positionswechsel (rückengerecht = langsame, kontrollierte Bewegungen): von liegend auf Bauch (auf Matte) zu Vierfüßlerstand (auf Matte)		
langsam aus Bauchlage aufrichten; Gesäß sitzt auf Unterschenkeln/Füßen; Oberkörper senkrecht; Hände vorn auf Boden aufstellen; Oberkörper beugt sich nach vorn bis Position parallel zum Boden; Arme und Beine im 90°Winkel zum Körper angewinkelt; Beine schulterbreit auseinander, auf Unterschenkeln stützend; Kopf als Verlängerung der Wirbelsäule(AP)				
Dehnung der Rumpfmuskulatur; Mobilisation des Rumpfes (primär der Wirbelsäule)	„Katzenbuckel"	in AP Kopf nach vorn neigen, Blick geht auf Boden; Bauchmuskulatur wird angespannt; Rücken formt einen „Buckel"; Rückenmitte so hoch wie möglich Richtung Decke „drücken" (EP); zurück in AP = Pause	Bewegungen abwechselnd mit AP als Pause dazwischen; jeweils 30 Sek. EP halten; 10 Sek. Pause; jeweils 3x wiederholen	bewusste und ruhige Atmung; bei jeweiliger EP auf subjektives Empfinden achten, Teilnehmer sind verschieden gut dehnbar
	„Rücken beugen"	siehe oben; nach Pause in AP Bewegung nach unten ausführen; Rückenmuskulatur anspannen; in „Hohlkreuz"-Position gehen; Kopf nach hinten neigen, Blick zur Decke (EP); zurück in AP = Pause		
		Positionswechsel (rückengerecht = langsame, kontrollierte Bewegungen): von Vierfüßlerstand (auf Matte) zu liegend auf Rücken (auf Matte)		
Dehnung des Lendenwirbel-Bereiches	„Rückendehnen liegend"	Arme liegen zur Seite gestreckt auf Boden; 1 Bein wahlweise im 90°Winkel anstellen; Kopf auf Seite des angestellten Beines drehen; Knöchel/Fuß des anderen Beines seitlich auf angewinkeltem Bein in Kniehöhe auflegen; angestelltes Bein langsam in Richtung des aufgelegten Beines (bis Boden) kippen (EP); langsam Beine zurückführen in AP = Pause; beidseitig durchführen	jeweils 20 Sek. EP halten; 5 Sek. Pause; jeweils 3x wiederholen	subjektives Empfinden – nicht jeder Teilnehmer erreicht mit Bein den Boden
Entspannungstraining; Senkung des Herz-Kreislauf-Systems und Körpertemperatur	Kontrolliertes Atmen	ruhig in Rückenlage auf Boden; geschlossene Augen; Hände auf Bauch; tiefes Einatmen durch Nase; tiefes ausatmen durch Mund; fühlen wie Bauchdecke sich hebt und senkt	2 Sätze à 15 Wdh. (Ein- und Ausatmen); TUT (4/0/4)	alle Muskeln entspannt; nur auf Atmung konzentrieren

Positionswechsel (rückengerecht = langsame, kontrollierte Bewegungen): von liegend auf Rücken (auf Matte) zu aufrechtem Sitzen (auf Matte)				
Dehnung des Brustwirbel-Bereiches	„Rückendehnung sitzend"	1 Bein wahlweise nah am Körper anstellen; entgegengesetzter Arm gestreckt an äußere Knieseite des angestellten Beines führen (Hebelwirkung nutzend); anderes Bein gestreckt nach vorn; freier Arm hinter Gesäß auf Boden aufstützen; Oberkörper in Richtung des angestellten Beines drehen (Arm hilft durch Drücken gegen Bein (Hebelwirkung) etwas); Kopf macht Drehbewegung mit (EP); langsames Zurückführen des Oberkörpers in AP = Pause; beidseitig durchführen	jeweils 20 Sek. EP halten; 5 Sek. Pause; jeweils 3x wiederholen	subjektives Empfinden - Teilnehmer kommen bei Oberkörperrotation unterschiedlich „weit"
Positionswechsel (rückengerecht = langsame, kontrollierte Bewegungen): vom aufrechten Sitzen (auf Matte) zu hüftbreitem Stehen				
1 beliebiges Bein aufstellen (großer Ausfallschritt); langsam Bein durchdrücken und Körper in hüftbreiten Stand aufrichten				
Abschluss der Kurseinheit	„Abschluss der Kurseinheit"	hüftbreiter Stand; Arme hängen an Körperseite (AP); beim tiefen Einatmen Arme langsam und kontrolliert über den Kopf zusammen führen; beim Ausatmen Arme langsam und kontrolliert in AP führen; Einatmen durch Nase; Ausatmen durch Mund	jeweils 4x wiederholen (Ein- und Ausatmen); TUT (4/0/4)	Augen geschlossen

Verabschiedung (ca. 2 Minuten; ohne Musik)

Lob und Verabschiedung der Teilnehmer; bedanken für die Teilnahme und eventuelle Fragen beantworten; Hinweis zur nächsten Kursstunde geben

5 Literaturverzeichnis

Reiß, M. & Eifler, C. (2014) *Studienbrief Gruppentraining 1*. Unveröffentlichte Studienmaterialien. Saarbrücken: Deutsche Hochschule für Prävention und Gesundheitsmanagement.

Übungskatalog Gruppentraining 4. unveränderte Auflage (Oktober 2010). Saarbrücken: Deutsche Hochschule für Prävention und Gesundheitsmanagement.

6 Tabellenverzeichnis

7 Abkürzungsverzeichnis

Abkürzung	Bedeutung
Abb.	Abbildung
AP	Ausgangsposition
bpm	beats per minute
bzw.	beziehungsweise
ca.	circa
d.h.	das heißt
EP	Endposition
f.	folgende
li.	linkes
re.	rechtes
Sek.	Sekunden
TUT	Time under tension
vgl.	vergleich
Wdh.	Wiederholungen
z.B.	Zum Beispiel
zw.	zwischen
ZZ	Zählzeiten